0

nul

zero

10

tien

zece

20

twintig

douăzeci

30

dertig

treizeci

40

veertig

patruzeci

50

vijftig

cincizeci

60

zestig

șaizeci

70

zeventig

șaptezeci

80

tachtig

optzeci

90

negentig

nouăzeci

100

honderd

o sută

1000

duizend

o mie

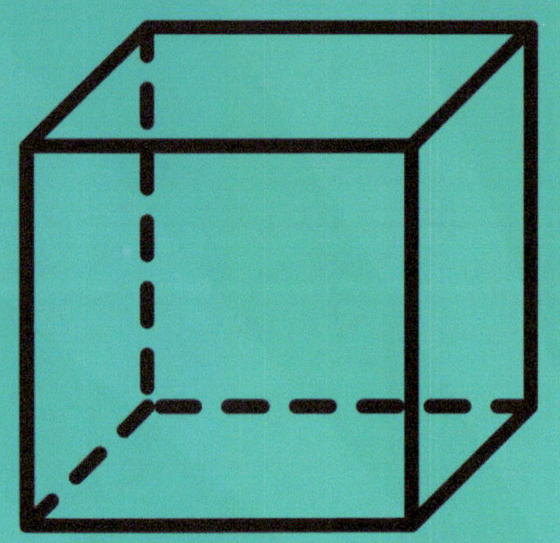

kubus

cub

blok

bloc

ijsblokje

cub de gheață

karamel

caramel

suiker

zahăr

dobbelstenen

zaruri

geschenkdoos

cutie de cadou

kartonnen doos

cutie de carton

bol

sferă

ijsschep

cupă de înghețată

parel

perlă

bubbel

bulă

knikkers

biluțe de sticlă

planeet

planetă

sneeuwbal

bulgăre de zăpadă

tennisbal

minge de tenis

cilinder

cilindru

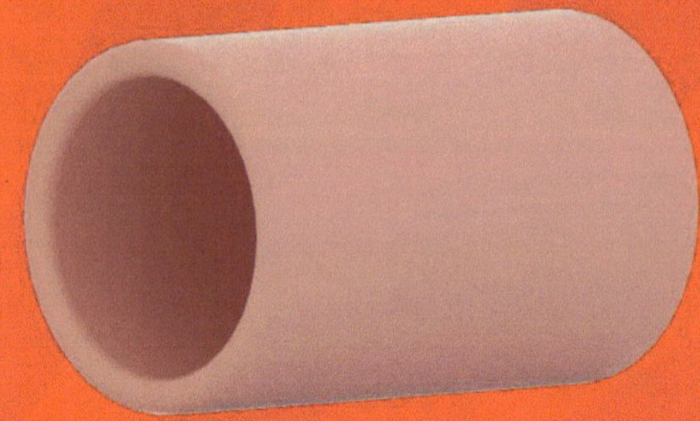

buis

tub

batterijen

baterii

draadspoel

bobină de fir

kaneel

scorțișoară

deegroller

făcăleț

worst

cârnat

hooibaal

balot de fân

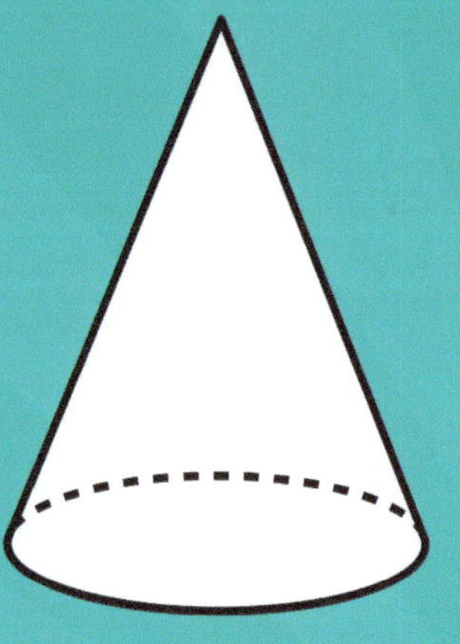

kegel

con

wegkegel

con rutier

ijshoorntje

con de înghețată

heksenhoed

pălărie de vrăjitoare

kerker

temniță

spar

brad

feesthoed

pălărie de petrecere

slak

melc

braambes

mură

bes

coacăză

clementine

clementină

durian

durian

drakenfruit

fructul dragonului

jackfruit

jackfruit

stervrucht

carambola

asperge

sparanghel

radijs

ridiche

rode boon

fasole roșie

raap

nap

cassave

manioc

yam

ignamă

kikkererwten

năut boabe

adelaar

vultur

vleermuis

liliac

bever

castor

flamingo

flamingo

raaf

corb

merel

mierlă

pimpelmees

mierlă albastră

ekster

coțofană

zwaluwvogel

rândunică

leeuwerik

ciocârlie

parkiet

papagal mic

specht

ciocănitoare

pauw

păun

papegaai

papagal

toekan

tucan

ooievaar

barză

koraal

coral

zeeanemoon

anemonă de mare

zee-egel

arici de mare

zeepaardje

căluț de mare

clownvis

pește clovn

goudvis

peștișor de aur

krab

crab

heremietkreeft

crab pustnic

dolfijn

delfin

narwal

nharwhal

octopus

caracatiță

inktvis

calamar

walvishaai

rechin-balenă

orka

orcă

blauwe vinvis

balenă albastră

witte dolfijn

balenă albă

hamerhaai

rechin ciocan

witte haai

rechin alb

citroenhaai

rechin lămâie

tijgerhaai

rechin-tigru

sprinkhaan

lăcustă

rups

omidă

schorpioen

scorpion

hagedis

șopârlă

dinosaurussen

dinozauri

zwart haar

păr negru

rood haar

păr roșcat

bruin haar

păr castaniu

blond haar

păr blond

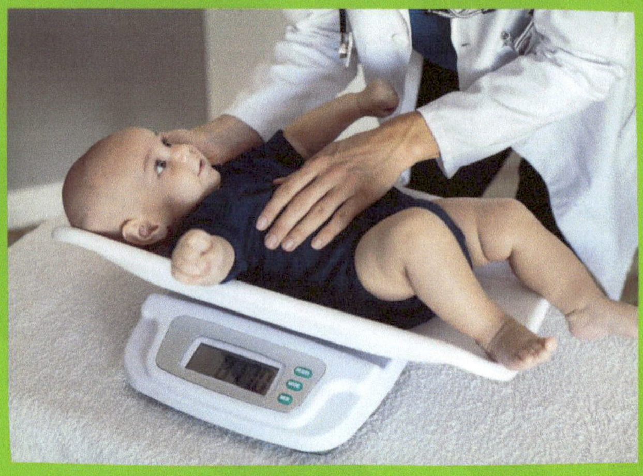

weegschaal

cântar

ziekenhuis

spital

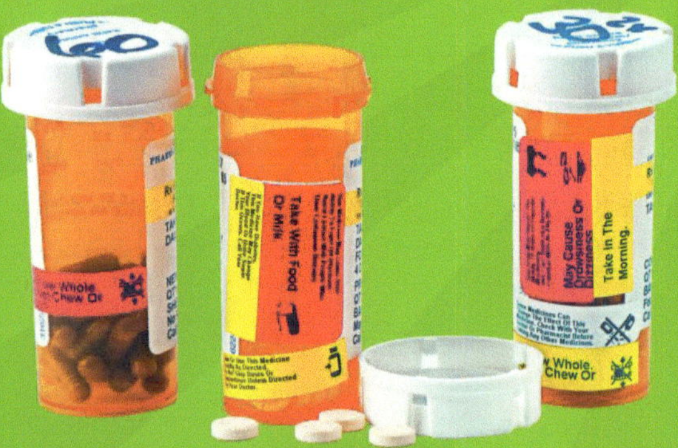

medicijn

medicament

thermometer

termometru

verband

pansament

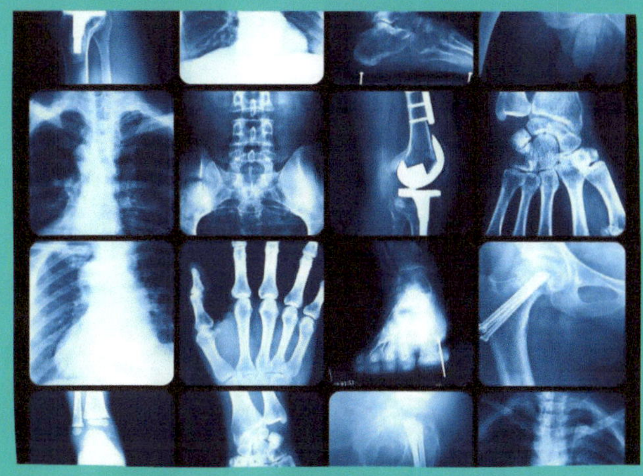

röntgenfoto

radiografie

dokter

doctor

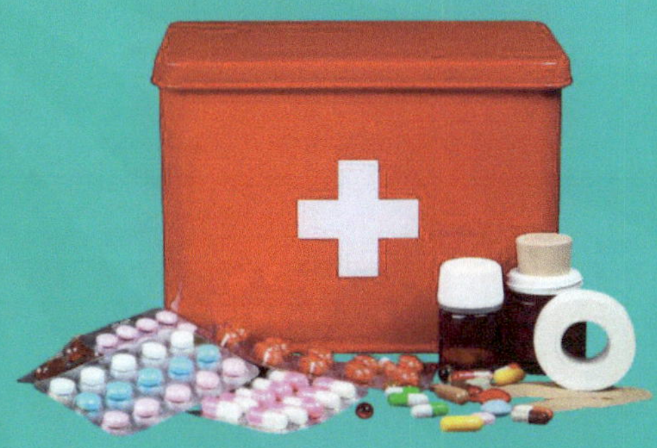

EHBO-kit

trusă de prim ajutor

spelen

a se juca

tekenen

a desena

tellen

a numără

schrijven

a scrie

dansen

dans

zwemmen

înot

skiën

schi

basketbal

baschet

tennis

tenis

tafeltennis

ping-pong

voetbal

fotbal

paardrijden

echitație

ijshockey

hochei pe gheață

judo

judo

boksen

box

hardlopen

alergare

honkbal

baseball

cricket

cricket

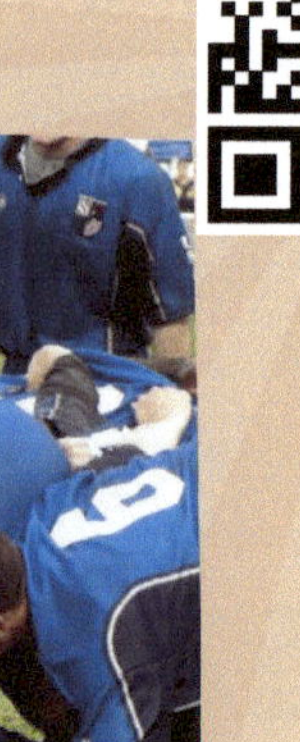

rugby

rugby

volleybal

volei

maracas

maracas

tamboerijn

tamburină

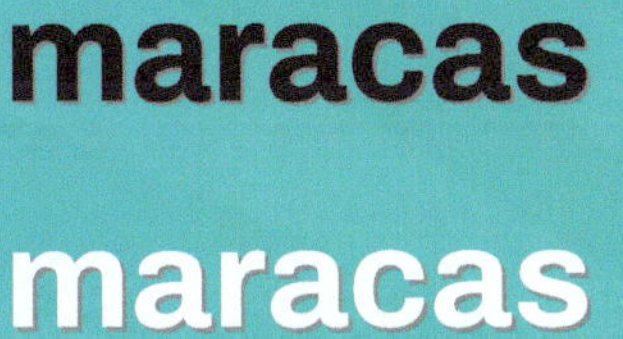

xylofoon

xilofon

viool

vioară

piano

pian

gitaar

chitară

cello

violoncel

harp

harpă

trommel

tobă

djembé

djembe

drumstel

set de tobe

trompet

trompetă

hoorn

corn

saxofoon

saxofon

fluit

flaut

koptelefoon

căști

zingen

a cânta

bladmuziek

partituri

microfoon

microfon